마음전쟁

역자서문

이 책은 마음전쟁을 통해 사탄에게 빼앗긴 마음을 되찾아, 하나님이 우리 마음과 생각을 다스리는 상태로 회복하기 원하는 그리스도인을 위한 지침입니다.

마음이란 지성, 감정, 의지의 작용이 이루어지는 인간 내면의 중심부를 의미합니다. 바울은 사람의 마음을 **"속사람"**(고후 4:16)이라고도 표현했습니다. 하나님이 사람을 판단하실 때 겉모습 보다는 그의 마음을 보신다(삼상 16:7)는 말씀은 마음이 하는 역할이 무엇인지를 보여줍니다. 마음은 인간의 본질을 나타냅니다.

사탄에게 빼앗기기 전에 인간이 소유했던 마음은 어떤 것이었을까요? 본연의 마음이란 하나님이 인간에게 지어주신 마음을 가리키는 말로, 타락하기 전에 인간이 누렸던 모습과 삶을 보여주는 창세기 2장 15절부터 25절까지의 말씀을 통해 일부나마 알 수 있습니다. 그것은 자기의 행동과 마음을 스스로 정할 수 있는 자기결정권을 지니고 있으면서도(창 2:19) 하나님께 순종하고(창 2:15,19,24) 하나님의 형상을 닮은 존재답게 그분의 뜻에 일치되기를 기뻐하는(창 2:23,24) 마음으로 요약할 수 있습니다. 마음의 소유권이 자기에게 있으면서 하나님의 다스리심을 받는 상태였습니다.

이 마음을 회복하는 과정을 '일생의 전쟁'으로 표현한 까닭은 무엇일까요? 그것은 사탄이 한 번 빼앗은 마음을 쉽게 포기할리 없거니와 한두 번의 승패로 인해 사탄의 공격이 끝난다거나 사탄의 영향력이 우리 마음에서 사라지지 않기 때문입니다.

하나님의 능력으로 이 전쟁에서 승리하여 본연의 마음을 회복하는 법을 제시하는 이 책을 읽으면, 다음과 같은 세 가지 사실을 확인하게 될 것입니다.

첫째, 이 책은 성경과 마음의 관계를 명쾌히 밝히면서 성경의 교훈을 중심으로 마음에 관한 지침을 제시하므로 마음전쟁을 벌이고 있는 그리스도인이라면 누구나 신뢰할 수 있는 책이라는 것입니다.

둘째, 이 책은 마음만 먹으면 한 번 앉은 자리에서 다 읽을 수 있을 정도의 분량이지만, 마음전쟁에 관해 알아야 할 중요한 내용들을 빠뜨리지 않고 있다는 것입니다.

셋째, 이 책은 마음전쟁에서 반드시 승리하는 전략과 평상시 마음을 관리하는 법, 갑자기 발생하는 마음의 문제를 다루며, 그런 문제들을 예방하는 방법까지 소개함으로써 충실한 지침서의 역할을 감당하고 있다는 것입니다.

아무쪼록 이 책을 읽은 모든 독자들이 '마음의 전쟁'에서 승리하여 하나님을 기쁘게 하는 삶을 사시기를 바랍니다.

2018. 7. 2. 역자 장광수

목차

역자서문	2
모든 그리스도인이 직면한 싸움	9
바울의 전쟁	10
타고난 마음의 상태	20
거듭나지 못한 마음은 사탄의 진	24
성령과 신자의 마음	30
완전히 구원받지 못한 신자의 마음	34
회개에 대한 오해	42
구원의 장소인 십자가	46
구원받은 마음의 실제적 해방	52
실제로 승리하는 법	58
'새 마음'의 특성	64
성령의 뜻을 전하는 도구인 '새 마음'	70
'새 마음'을 보호하는 5가지 방법	74
제시 펜 루이스의 생애와 주요사역	80

1장

바울의 전쟁

일러두기

* 이 책에서 인용하는 한글 성경구절들은 개역개정 성경본문을 기본으로 삼았으며, 저자의 논의를 분명히 살피기 위해서 12장 앞부분에서 한 군데만 개역성경 본문을 사용했음을 알려드립니다.

* 저자가 일부 사용한 카니베어역 성경은 색을 달리하여 표현했음을 알려드립니다.

모든 그리스도인이 직면한 싸움

"뱀이 그 간계로 하와를 미혹한 것 같이 너희 마음이 그리스도를 향하는 진실함과 깨끗함에서 떠나 부패할까 두려워하노라"(고후 11:3)

오늘날의 그리스도인은 하나님의 자녀가 되는 순간부터 마음을 사용하는 법과 제어하는 법을 놓고 벌이는 싸움에 직면하게 됩니다.[1] 이 싸움은 우리 마음의 소유권을 계속 지니고 지배하려는 사탄과 그 소유권을 되찾으려는 그리스도인 사이에서 벌어지는 전쟁을 가리킵니다. 사도 바울은 본문을 통해 이 싸움이 초래할 결과에 대해 이렇게 소개합니다. 아담과 하와를 타락시킨 사탄이 오늘날에도 예수 그리스도를 주님으로 영접한 신자들의 마음을 그리스도에게서 멀어지도록 유혹하고 있으므로 진실하고 깨끗하게 주님을 믿던 우리 마음이 그리스도에게서 떠나 부패할 수 있다는 것입니다. 그는 이 점에 대해 우려를 나타내고 있습니다.[2] 그것은 사탄의 악함, 죄성, 온갖 미혹에 익숙함과 약점을 노리는 집요함이 우리 힘으로 물리칠 수 있는 것이 아님에도 불구하고 이 사실을 모르는 신자들이 너무나 많기 때문입니다. 그래서 그는 하나님의 능력에 의지해서 그 전쟁에서 반드시 승리하는 방법을 소개합니다.

---

[1] 이 싸움은 사탄에게 빼앗긴 마음의 소유권을 회복시키기 위한 전쟁이다.
[2] 이 우려는 사탄의 간계가 아니라 우리의 무지에 초점을 맞추고 있다.

바울의 전쟁

"우리가 육신으로 행하나 육신에 따라 싸우지 아니하노니 우리의 싸우는 무기는 육신 육의 연약함에 속한 것이 아니요 오직 어떤 견고한 대적의 진도 무너뜨리는 하나님의 능력 안에서 강함에 속한 것이라 모든 변론가의 이론을 무너뜨리며 하나님 아는 것을 대적하여 스스로 높아진 것을 다 무너뜨리고 모든 거역하는 생각을 사로잡아 그리스도에게 복종하게 하니"(고후 10:3-5)

본문 말씀에서 가장 먼저 주목할 사실은 바울이 자신에게 아직도 끝나지 않은 전쟁이 있다고 밝힌 것입니다. 이는 바울의 전쟁이 계속되고 있다는 것을 의미합니다. 그의 전쟁은 "육신"에 따라서 싸우는 전쟁이 아니며, 에베소서와 디모데 전서와 후서에 나오는 다섯 구절의 교훈을 지침으로 삼아야 하는 싸움입니다. 이제부터 이 교훈들을 하나씩 살펴봄으로써 바울이 벌이고 있는 전쟁이 어떤 것인지 알아봅시다.

이 전쟁의 특성

첫째, 사탄과 싸우는 전쟁이므로, 참전할 사람들에게 하나님의 보호와 도움이 필요합니다.

> "끝으로 너희가 주 안에서와 그 힘의 능력으로 강건하여지고 마귀의 간계를 능히 대적하기 위하여 하나님의 전신 갑주를 입으라 우리의 씨름은 혈과 육을 상대하는 것이 아니요 통치자들과 권세들과 이 어둠의 세상 주관자들과 하늘에 있는 악의 영들을 상대함이라 그러므로 하나님의 전신 갑주를 취하라 이는 악한 날에 너희가 능히 대적하고 모든 일을 행한 후에 서기 위함이라 그런즉 서서 진리로 너희 허리 띠를 띠고 의의 호심경[3]을 붙이고 평안의 복음이 준비한 것으로 신을 신고 모든 것 위에 믿음의 방패를 가지고 이로써 능히 악한 자의 모든 불화살을 소멸하고 구원의 투구와 성령의 검 곧 하나님의 말씀을 가지라 모든 기도와 간구를 하되 항상 성령 안에서 기도하고 이를 위하여 깨어 구하기를 항상 힘쓰며 여러 성도를 위하여 구하라"(엡 6:10-18)

둘째, 사탄의 궤계를 간파하고 물리쳐 마음의 자유를 실제로 누리기 위한 전쟁이므로, 하나님의 말씀에 따라 싸워야 합니다.

> "…… 전에 너를 지도한 예언을 따라 그것으로 선한 싸움을 싸우며"(딤전 1:18)

셋째, 사탄이 온갖 방법을 통해 믿음에서 떠나도록 유혹하는 전쟁이므로, 이것이 영생을 얻기 위한 믿음의 싸움이라는 것을 늘 기억해야 합니다.

---

[3] 전쟁에서 호신용으로 가슴부분을 가리던 금속조각을 가리킨다.

"믿음의 선한 싸움을 싸우라 영생을 취하라 이를 위하여 네가 부르심을 받았고 ······"(딤전 6:12)

넷째, 하나님의 뜻을 이루기 위해 싸우는 전쟁이므로, 자기생활과 생각에 얽매이지 말아야 합니다.

"병사로 복무하는 자는 자기 생활에 얽매이는 자가 하나도 없나니 이는 병사로 모집한 자를 기쁘게 하려 함이라"(딤후 2:4)

다섯째, 본연의 마음을 회복하고 그것을 지키기 위해 싸우는 전쟁이므로, 일생동안 싸워야 합니다.

"나는 선한 싸움을 싸우고 나의 달려갈 길을 마치고 믿음을 지켰으니 이제 후로는 나를 위하여 의의 면류관이 예비되었으므로 주 곧 의로우신 재판장이 그 날에 내게 주실 것이라 내게만 아니라 주의 나타나심을 사모하는 모든 자에게도니라"(딤후 4:7-8)

이 다섯 가지 교훈을 통해 바울의 전쟁, 곧 모든 그리스도인이 직면할 싸움의 내용과 본질을 분명히 이해할 수 있습니다. 이 전쟁은 마음을 매개로 한 영적전쟁의 한 분야입니다. 왜냐하면 이 전쟁은 사탄이 온갖 꾀를 통해 신자의 마음이 믿음에서 멀어지도록 유혹하는 싸움이므로 하나님의 말씀을 가지고 싸워야만 이길 수 있는 싸움이라는 점에서 영적전쟁의 세 요소를 모두 지니고 있기 때문입니다. 다시 말하면 이 전쟁의 주적, 목과 승리법이 영적전쟁의 그것들과 완전히 일치한다는 것 입니다. 또 이 전쟁은 일생동안 벌일 수 밖에 없는 싸움입니다. 성경에 나타난 것처럼, 공격대상의 모든 약점을 찾아내어 온갖 미혹방법으로 집요하게 공격하는 사탄의 행태로 볼 때 한 두 번의 싸움으로 끝날 수 없을 뿐 아니라 사탄의 공격이 지속되는 한 일생에 걸쳐 싸워야 하기 때문입니다. 그러므로 인간의 생각과 힘으로 싸우는 대신 하나님의 보호아래 그분의 말씀에 따라 하나님과 약속을 신뢰하는 믿음을 가지고 일생동안 싸워야 반드시 승리할 수 있는 싸움이라는 것을 알 수 있습니다.

2장

마음 전쟁

마음전쟁

"우리가 육신으로 행하나 육신에 따라 싸우지 아니하노니 우리의 싸우는 무기는 육신 육의 연약함에 속한 것이 아니요 오직 어떤 견고한 대적의 진도 무너뜨리는 하나님의 능력 안에서 강함에 속한 것이라 모든 변론가의 이론을 무너뜨리며 하나님 아는 것을 대적하여 스스로 높아진 것을 다 무너뜨리고 모든 거역하는 생각을 사로잡아 그리스도에게 복종하게 하니"(고후 10:3-5)

바울은 본문에서 자신이 벌이고 있는 전쟁을 가리켜 육체로 싸우는 것이 아니라고 말합니다. 그렇다면 그는 어떤 종류의 전쟁을 치르고 있는 것일까요? 그 답은 고린도 후서 10장 4절 후반부에 나오는 "모든 변론가의 이론을 무너뜨리며"란 말씀에서 찾을 수 있습니다. 여기서 말하는 변론가란 진리보다는 이성에 근거해 자신의 주장을 펼쳐 논쟁에서 승리하는 데 관심을 가진 사람들을 가리킵니다. 이런 사람들의 이론을 무너뜨리기 위한 바울의 전쟁은 주로 마음과 연관된 싸움일 수밖에 없습니다.[4] 이는 바울의 전쟁이 마음전쟁이라는 것을 의미합니다.

---

4   변론가들의 이론이란 궤변을 가리킨다. 그들의 관심은 기독교의 진리에 이르는 것이 아니라 논쟁에서 이성에 근거한 자신의 주장이 승리하는 것이 전부였다. 디모데도 그들의 궤변의 출발점이 무엇인지 잘 알고 있었다. 그것은 주님의 교훈을 거부하는 거짓교사들의 부패한 마음과 교만에서 비롯된다는 것을 디모데 전서 6장 3절에서 5절까지의 말씀을 통해 분명히 밝히고 있다.

이 전쟁을 하는 이유

그렇다면 바울은 왜 마음전쟁을 하는 것일까요? 그 이유는 "견고한 대적의 진도 무너뜨리는"이란 말씀에 나타나 있습니다. 여기서 "견고한 진"이란 사탄에게 사로잡힌 마음을 가리키는 비유적 표현으로서 바울은 그 마음을 "대적의 진"이라고 말하고 있습니다. 사람의 마음은 하나님께서 주신 것이라는 사실을 잘 아는 바울이 그것을 적진으로 보는 까닭은 무엇일까요? 전쟁터에서 적군에게 "진"을 빼앗기듯이 마음이라는 진을 "이 세상의 신"(고후 4:4)인 사탄에게 탈취를 당했기 때문입니다. 그래서 바울은 사탄에게 빼앗긴 우리 마음의 소유권을 되찾기 위해 마음전쟁을 벌이는 것입니다.

그러면 바울이 이 전쟁을 계속하고 있는 이유는 무엇일까요? 사탄에게 빼앗긴 마음을 "다 무너뜨리고 모든 거역하는 생각을 사로잡아 그리스도에게 복종"시켜야 할 대상으로 보기 때문입니다. 이 말은 적진으로 변한 인간의 마음상태를 개략적이나마 보여줍니다. 그 마음은 "하나님의 능력"에 의해서만 그 안에 품은 온갖 생각을 사로잡아 복종시킬 수 있을 정도로 교만하고 부패하며 악이 만연한 상태에 놓여 있습니다. 누가 하나님께서 지어주신 인간의 마음을 이런 상태에 빠지게 한 것일까요? 고린도 후서 4장 4절 말씀은 사탄이 "믿지 아니하는 자들의 마음을 혼미하게"[5] 만들었다고 증언하고 있습니다. 그래서 바울은 그 마음을 모두 무너뜨리고 하

---

5 "혼미하게" 했다는 말은 '어둡게 만들었다'는 뜻으로 이런 마음으로는 바른 길을 찾을 수 없음을 나타낸다.

나님의 뜻에 일치하는 본연의 마음을 회복하기 위해 마음전쟁을 계속하고 있는 것입니다.

3장

타고난 마음의 상태

타고난 마음의 상태

"육신의 생각은 하나님과 원수가 되나니 이는 하나님의 법에 굴복하지 아니할 뿐 아니라 할 수도 없음이라"(롬 8:7)

사탄의 진으로 변한 마음은 어떤 상태이기에 바울이 그 마음을 개선하기를 포기하고 전부 무너뜨려야 할 대상으로 본 것일까요? 본문은 그것이 육을 중심으로 활동하며 하나님과 원수가 된 마음이라고 말합니다. 바울은 그런 마음으로는 하나님의 뜻에 순종할 수 없음을 알고 무너뜨려야 한다고 여긴 것입니다. 우리는 누구나 이런 마음을 가지고 이 세상에 태어납니다.

사탄이 사로잡은 마음

사탄이 인간의 마음을 진으로 삼을 때 그 마음은 어떻게 변할까요? 우리는 바울서신의 말씀에서 사탄에게 사로잡힌 마음을 나타내는 표현들을 찾을 수 있습니다. 그것은 하나님을 마음에 두기 싫어하는 "상실한 마음"(롬 1:28), 성경을 읽고도 그리스도를 "깨닫지 못하는 마음"(고후 3:14), 총명이 어두워져 하나님의 생명에서 떠나있는 "어두워진 마음"(엡 4:18)으로 묘사되고 있습니다. 이런 마음들은 그것을 소유한 사람들의 행동을 왜곡시켜 하나님을 버리고 "마음의 허망한 것"(엡 4:17-19)으로 행하도록 이끌거나, 성경의 교훈을 왜곡시켜 의미를 짐작할 수 없고 드러난 부분에 의해 전체를 헤아려 볼 수도 없는 교훈이나 알지 못하는 주장에 무모하게 뛰어들도록 유혹하거나, 마음의 성향을 왜곡시켜 "육신의 생각을 따라 헛되이 과장"(골 2:18)하게 만듭니다.

이 마음과 하나님의 관계

이런 마음들은 하나님과 어떤 관계에 놓여 있을까요? 그런 마음들을 통해 하나님을 영접하기를 거부하게 만들거나 성경이 가르치는 그리스도를 깨닫지 못하게 하거나 이해력이 어두워져 하나님의 생명에서 떠나있게 함으로써 인간이 하나님과 바른 관계를 맺지 못하게 만듭니다. 사탄에게 사로잡힌 마음을 통해 하나님과 맺어야 할 관계를 왜곡시키는 것입니다. 그래서 사도 바울은 이런 마음들을 가리켜 하나님의 원수라고 말합니다. "육신의 생각은 하나님과 원수가 되나니 이는 하나님의 법에 굴복하지 아니할 뿐 아니라 할 수도 없음이라"(롬 8:7)고 말합니다. 이는 육적인 마음의 본질과 생각의 한계를 동시에 보여주는 말씀입니다. 골로새서 1장 21절은 그것을 더 분명히 나타내고 있습니다. 거듭나지 못한 사람들을 가리켜 하나님을 "멀리 떠나 마음으로 원수가 되었던" 자라고 표현하고 있기 때문입니다. 이런 마음들은 하나님과 원수가 됩니다.

육적인 마음은 하나님의 원수

우리는 여기서 육적인 사람의 마음이 하나님의 원수로 변해가는 과정을 알 수 있습니다. 사람의 마음은 단번에 하나님의 원수로 변하는 것이 아니라 하나님을 멀리 떠나 있는 동안에 점차 하나님의 원수로 바뀌어 가는데, 그 과정에서 육에 가장 먼저 반응하는 부분은 그의 마음의 방향입니다. 이 과정을 다음과 같이 세 단계로 나누어 살펴 볼 수 있습니다. 1단계는 마음의 성향이 육의 영향을 받아 기울어져 마음이 어두워지고, 헛되이 과장하는 것을 더 좋아하게 되는 상태입니다. 2단계는 그 마음 안에 담긴 생각도 육의 영향으로 기울어져 공허하고 헛된 생각을 선호하게 되는 상태입니다. 3단계는 마음의 성향과 생각이 바뀜에 따라 마음의 중심도 육의 지배를 받아 마음 전체가 육을 중심으로 움직이도록 변하는 상태입니다.

그 결과로 육적인 마음의 모든 활동은 선하게 보이는 것이든 악하게 보이는 것이든 상관없이 하나님과 원수가 됩니다. 사도 바울이 로마서 7장 19절과 20절에서 자신의 의지로 선을 행하려 했으나 도리어 악을 행하는 자신을 보고 탄식한 이유도 여기에 있습니다. 사도 바울조차 육적인 마음의 한계를 체험하고 탄식한 것입니다. 이런 마음을 가지고는 하나님을 바로 믿고, 섬기며, 영광을 돌릴 수가 없습니다.

4장

거듭나지 못한 마음은 사탄의 진

거듭나지 못한 마음은 사탄의 진

"그 중에 이 세상의 신이 믿지 아니하는 자들의 마음을 혼미하게 하여 그리스도의 영광의 복음의 광채가 비치지 못하게 함이니 그리스도는 하나님의 형상이니라"(고후 4:4)

인간의 마음은 하나님의 자녀로 거듭나기 전까지는 물론이고 그 후에도 완전한 새 마음을 누릴 때까지 사탄의 영향력 아래 놓여 있으므로 그 마음을 가리켜 사탄의 진이라고 할 수 있습니다. 이 진을 무너뜨리고 하나님이 주신 최초의 마음을 회복하기 위해서는 마음전쟁의 핵심전략을 바로 세워야 합니다. 그 전략의 초점은 무엇일까요?

마음전쟁의 핵심전략

먼저 사탄이 사로잡기 이전의 마음을 되찾는 것은 "이 세상의 신"(고후 4:4)과 싸우는 '마음전쟁'에서 반드시 승리하기 위한 전략의 핵심입니다. 여기서 말하는 본연의 마음이란 하나님이 우리에게 주신 자유의지에 따라 자기 마음과 행위를 스스로 정할 수 있는 자기결정권을 소유했지만 하나님의 형상을 닮은 존재답게 하나님과 그분의 뜻에 순종하며, 그 뜻에 일치되기를 기뻐하는 마음 곧 하나님이 다스리시는 마음을 가리킵니다.(창 2:15-25) 이 마음을 회복시키지 않으면 사탄이 사로잡은 사람의 마음을 이용해 다른 사람의 마음에 사탄의 독을 주입시키고, 그 중독된 사람이 적극적으로 하나님을 거역하도록 악한 계획과 모략을 그의 마음에 심어주는 일을 막을 수가 없습니다. 그러므로 사탄에게 사로잡힌 마음을 통해 죄가 확산되는 일을 막기 위해서는 하나님이 다스리시는 마음을 반드시 되찾아야 합니다.

다음으로 '신자의 마음'을 되찾는 것은 미혹하는 죄를 이용하는 사탄과 신자 사이에서 끊임없이 벌어지는 '전쟁'에서 성도가 반드시 승리하기 위한 전략의 핵심입니다. 여기서 신자의 마음을 회복시킨다는 말은 그의 마음에서 사탄의 영향력을 완전히 몰아내는 것을 의미합니다. 성령은 회복된 신자의 마음을 통해서 그가 깨달은 하나님의 진리를 본성이 어두워진 사람에게 전하게 함으로써만 그의 마음에 가득 찬 사탄의 속임수를 제거할 수 있습니다. 만일 신자의 마음을 되찾지 않으면 아직도 그리스도인의 마음에 남아있는 사탄의 영향력이 성경 진리를 왜곡시켜 아무리 성경을 많이 읽고 하나님의 진리를 배워도 그 속에 담긴 뜻을 제대로 깨달을 수 없게 됩니다. 성령이 회복된 신자의 마음을 통해 하나님을 알지 못하는 영혼을 구원하는 일에 유일한 도구로 사용될 수 있게 하려면 신자의 마음을 반드시 회복해야 합니다.

성령의 뜻을 나타내는 방법

성령은 거듭난 신자의 영 안에 거하시면서 어떻게 그분의 뜻을 나타내실까요? 만일 성령이 신자의 입술을 통해 나오는 말에 의해서만 그분의 뜻을 나타낸다면, 그리스도인은 누구나 예언자여야 할 것입니다! 하지만 오늘날 이런 방식으로 성령의 뜻을 나타내는 예언자는 세상에 한 명도 존재하지 않습니다. 오늘날 성령은 유일한 '하나님의 말씀'[6]인 성경을 통해서만 그분의 뜻을 나타내십니다.

그 방법을 왜곡하는 사람들

그럼에도 불구하고 오늘날 성경이 하나님의 말씀이라는 사실에 도전함으로써 성령이 뜻을 나타내는 방식을 부인하거나 왜곡시키는 사람들이 있습니다. 그들을 두 부류로 나눠볼 수 있는데, 첫째는 자신들의 성경연구방법을 고등비평이라고 주장하는 문서비평가들이고, 둘째는 자신이 받은 계시를 기록된 하나님의 말씀인 성경과 동등한 권위를 지닌 것으로 여기는 '직통계시론자'들입니다.[7] 전자에 해당하는 사람들 가운데 대다수는 성령이 그분의 뜻을

---

[6] 흠정역(KJV), ESV, NASB은 헬라어 "로기온 데우"를 하나님의 말씀으로 번역했다.

[7] 1990년대에 나타났던 시한부 종말론자나 21세기에 나타난 신사도 운동도 여기에 속한다.

드러내는 방식에 대해서 관심을 보이지 않습니다.

후자는 기록된 하나님의 말씀인 성경을 떠나 소위 '직통계시'를 따르는 그릇된 신앙을 소유한 사람들을 가리킵니다. 그들이 말하는 '직통계시'란 무엇일까요? 그것은 하나님이 성경을 통해 말씀하시지 않고 성령을 통해 신자의 영에 직접 계시하신다고 여기는 주장입니다. 그래서 그들은 소위 직통계시를 통해 기록된 계시인 성경을 자의적으로 해석하는 잘못을 지음으로써 성경의 신뢰성을 떨어뜨리는 결과를 낳습니다. 이들의 잘못은 여기서 끝나지 않고 성령이 성경을 통해 그 분의 뜻을 나타내신다는 것을 부인하는 데까지 이어집니다.

5장

성령과 신자의 마음

성령과 신자의 마음

"하나님 아는 것을 대적하여 스스로 높아진 것을 다 무너뜨리고 모든 거역하는 생각을 사로잡아 그리스도에게 복종하게 하니"(고후 10:5)

성령은 성경을 읽는 사람에게는 하나님의 말씀을 통해 그분의 뜻을 나타내십니다. 그러면 성경을 읽어 본 적이 없는 사람에게는 어떻게 그분의 뜻을 나타내실까요? 신자의 마음을 사용하여 성령의 뜻을 나타내십니다.

성령의 도구

신자의 마음은 성령의 뜻을 다른 사람에게 전하는 도구입니다. 성령은 이 도구를 통해 사탄에게 사로잡혀 본성이 어두워진 사람들에게 하나님의 진리를 전함으로써 그들의 마음을 지배하고 있는 사탄의 꾀를 제거할 수 있도록 도와주십니다. 성령은 이런 과정을 통해서 전해진 하나님의 진리에 의해 하나님을 알지 못하는 사람들의 마음도 사탄에게서 놓일 수 있는 길을 열어주십니다.

이 도구를 사용하기 위한 조건들

성령이 이 도구를 사용하기 위해서는 먼저 신자의 마음을 완전히 소유해야 합니다. 그러려면 우리 마음 안에 있는 온갖 "거역하는 생각"(고후 10:5)을 사로잡아 그리스도께 복종시킨 후에 겸손한 마음을 주시도록 구해야 합니다. 왜냐하면 성령은 거역하는 생각을 품고 있는 교만한 마음을 소유할 수 없기 때문입니다.[8]

그 다음에는 언제나 성령의 뜻을 전할 수 있도록 우리 마음을 열린 상태로 유지해야 합니다. 우리의 영 안에 거하시는 성령은 자기 뜻을 나타내는 경로로서 우리 마음을 요구합니다. 하지만 우리 마음이 정결하지 못한 생각으로 잔뜩 막혀 있거나 장애물로 가득 차 있을 경우에는 성령의 뜻을 전할 경로가 모두 사라질 수 있습니다.(민 2:28) 여기서 말하는 '막힌 마음'이란 어떤 상태를 의미하는 것일까요? 그것은 성령의 도구이면서도 성령의 뜻을 나타낼 수 없는 우리 영의 상태나 하나님의 영이 다른 사람에게 흘러가기를 멈춘 상태를 가리킵니다.

---

[8] 성령이 빌립에게 말씀하신 것은 그의 마음을 통해서 하신 일이다. 이는 성령에 의해 완전히 소유된 가운데 그분의 뜻에 온전히 순종할 때 일어난 일이다.(행 8:29) 성령이 원하시는 것 외에는 다른 일을 하지 않는 그의 온전한 순종은 39절에 나오는 "둘이 물에서 올라올 새 주의 영이 빌립을 이끌어간지라"는 말씀에 의해서도 확인된다.

6장

완전히 구원받지 못한 신자의 마음

완전히 구원받지 못한 신자의 마음

"하나님 아는 것을 대적하여 스스로 높아진 것을 다 무너뜨리고 모든 거역하는 생각을 사로잡아 그리스도에게 복종하게 하니"(고후 10:5)

그러면 우리 마음이 막히는 현상이 발생하는 원인은 무엇일까요? 어떻게 하면 그런 현상이 발생하는 것을 막을 수 있을까요?

마음이 막히는 이유

하나님의 자녀라면 누구나 하나님의 진리를 듣고 굳게 붙잡아 자신의 삶에 적용하는 한편 이웃에게도 그 진리를 전하는 삶을 살 수 있어야 합니다. 구원받은 신자에게 주어진 '새 마음'에는 성경의 진리를 잘 이해하여 다른 사람에게 전할 능력이 있기 때문입니다.(눅 24:45; 엡 1:18-19) 하지만 실제로 그런 삶을 누리는 신자들은 너무나 적습니다. 왜 이런 일이 발생하는 것일까요? 그 이유는 그들의 마음이 사탄의 지배에서 완전히 벗어나지 못했기 때문입니다. 하나님의 자녀가 되어 '새 마음'을 받았음에도 불구하고 사탄의 영향을 받는 마음이 여전히 '옛 생각'에서 벗어나지 못하는 바람에 그들의 마음이 막혀 신자다운 삶을 살 수 없게 되는 것입니다.

'옛 마음'과 '새 마음'이 뒤섞임

 왜 수많은 그리스도인이 '옛 마음의 생각'에서 벗어나지 못하고 있는 것일까요? 그 이유는 사탄이 인간의 타락한 본성을 이용해서 얻은 마음에 대한 지배력을 신자들이 과소평가하여 '옛 마음의 생각'을 자신의 마음에서 완전히 제거하지 않고 방치한 데서 비롯됩니다. 그 결과로 신자가 능동적으로 하나님을 섬기지 못하도록 공격하고 방해하기에 유리한 위치를 사탄이 차지하기 때문입니다. 하나님의 일조차 '신중히 생각해 본 적이 없는' 부주의한 마음을 지닌 그리스도인이 얼마나 많은지 생각해 보면 금방 그 사실을 이해할 수 있습니다! 그들은 사랑이 넘치는 마음으로 주님께 헌신하는 하나님의 자녀임에도 불구하고 온갖 종류의 혼합된 생각으로 넘치는 마음, 곧 사탄의 훼방에서 벗어나 완전히 새로워진 적이 한 번도 없는 마음상태에 스스럼없이 머물고 있습니다. 그 결과로 이런 그리스도인들은 이상하다고 여길 수 있을 만큼 영적상태를 분별하지 못하는 신자가 되고 맙니다.

그 결과

두 마음이 섞여 있는 신자들이 영적상태를 잘 분별하지 못하는 이유가 영적체험을 전혀 못해 보았기 때문이 그런 것은 아닙니다. 그들도 "빛의 발함"(욥41:18)을 받아 그 빛을 따르는 경우가 종종 있지만, 그것은 사람을 그릇된 길로 미혹하는 도깨비불과 같이 낮은 수준의 체험이기 때문입니다. 그래서 그들은 영적체험을 하고도 여전히 영적 이해력이 낮은 수준에 머물게 됩니다. 그 결과로 이런 신자들은 하나님이 우리 마음을 사탄의 지배에서 해방시켜 새롭게 하시고, "온갖 하나님을 거역하는 생각을 사로잡아"(고후 10:5) 수정처럼 맑게 만들 수 있는 분이라는 사실을 전혀 알지 못합니다.

마음의 완전한 해방

신자의 마음을 사탄의 지배에서 완전히 해방시키는 일은 매우 중요합니다. 그 이유는 다음과 같이 세 가지로 설명할 수 있습니다.

첫째는 신자의 마음이 성령의 뜻을 전하는 도구이기 때문입니다. 대다수의 그리스도인들이 진리의 말씀을 충분히 알아들을 수 있었을 텐데도 그들이 이해한 말씀을 다른 사람에게 전할 수 없다는 것은 정말 이상한 일입니다. 그 이유는 무엇일까요? 그들의 마음이 완전히 새로워지지 못하여 사탄이 지배하는 상태에 놓여있기 때문입니다. 사탄에게 사로잡힌 마음이 성경의 진리를 왜곡시켜 그들이 들은 진리를 제대로 이해하지 못하도록 방해하기 때문에, 그들이 들은 진리를 듣고도 다른 사람들에게 전할 능력이 없는 것입니다.

어쩌면 그들 가운데 다수가 자신은 성령세례를 받은 신자라고 말할지도 모릅니다! 그런 체험을 한 신자조차 자신이 이해한 진리를 다른 사람에게 전할 능력이 없다고 토로할 수밖에 없는 까닭은 무엇일까요? 그 이유는 두 가지 때문입니다. 첫째는 그들의 마음이 완전히 새로워지지 못해 하나님의 말씀을 듣고도 그 속에 담긴 진리를 다 알아듣지 못하기 때문이고, 둘째는 그들의 마음이 '막혀' 있기 때문입니다. 그들이 성령을 받은 신자라고 해도 마음이 막힌 상태에서는 성령의 뜻마저도 굳게 닫힌 마음의 경로를 통과할 수 없습니다. 그렇기 때문에 그들은 하나님의 진리를 듣고도 다른 사람에게 그 진리를 전할 수 없게 되는 것입니다.

둘째는 수많은 하나님의 자녀들이 하나님의 생각 속에 자신을 흠뻑 적시지 못하고 있기 때문입니다. 이런 신자일수록 하나님의 말씀을 정기적으로 시간을 내어 깊이 공부할 생각은 하지 않고 아침에 일어나 성경 한 구절을 읽는 것만으로도 충분하다고 여기는 경우가 많습니다.[9] 하지만 이런 사람들은 완전한 '새 마음'을 누릴 수 없습니다. 왜냐하면 하나님의 말씀을 부지런히 공부해야 우

---

[9] "사탄은 그가 동원할 수 있는 온갖 수단을 통해 그리스도인의 묵상을 방해한다. 그는 묵상의 적이다. 사탄은 우리가 읽은 말씀의 의미를 깊이 생각하지 않는 한, 성경을 얼마나 많이 읽었든지 전혀 신경 쓰지 않는다. 독서는 지식을 낳지만, 묵상은 헌신을 낳는다. "내가 주의 법을 어찌 그리 사랑하는지요 내가 그것을 종일 작은 소리로 읊조리나이다"(시 119:97) - 토마스 왓슨(청교도)

리 마음이 새로워지고 그 상태를 유지할 수 있기 때문입니다.[10] 먼저 성경공부를 통해 우리 마음의 상태를 정확히 살필 수 있습니다. "하나님의 말씀은 살아 있고 활력이 있어 좌우에 날선 어떤 검보다도 예리하여 혼과 영과 및 관절과 골수를 찔러 쪼개기까지 하며 또 마음의 생각과 뜻을 판단하나니"(히 4:12) 또한 성경공부를 통해 우리 마음을 새롭게하고 그 상태를 유지할 수 있습니다. "모든 성경은 하나님의 감동으로 된 것으로 교훈과 책망과 바르게 함과 의로 교육하기에 유익하니 이는 하나님의 사람으로 온전하게 하며 모든 선한 일을 행할 능력을 갖추게 하려 함이라."(딤후 3:16-17)

셋째는 '옛 마음'의 모든 활동은 "하나님과 원수"(롬 8:7)이므로 그 활동으로 말미암아 진리에 대해 편견을 가진 사람들이 발생하기 때문입니다. 사탄에 사로잡힌 마음은 마음을 왜곡시켜 자신이 모르는 진리를 들었을 때도, 숙고하는 과정도 거치지 않고 반대하는 편견을 보입니다. 열왕기상 22장에 보면 아람과의 싸움에서 이스라엘, 유다 연합군이 패배하고 아합왕이 죽을 것이라고 예언한 선지자 미가야의 이야기가 나옵니다. 그의 말을 듣자마자 선지자 시드기야가 나아와 미가야의 뺨을 치며 화를 내는 모습이 그 좋은 실례입니다.(왕상 22: 23, 24절) 이런 사람들을 만날 때마다, 우리는 그들 안에서 '옛 사람'이 활동하고 있는 것을 보게 됩니다. 그 이유를 다음과 같은 비유를 통해 살펴봅시다.

마음은 씨를 뿌려 모종으로 키우는 못자리와 같습니다. 장래에 좋은 수확을 얻기 위해 우리 마음에 씨를 뿌리고 있는 것과 받아들

---

[10] 느헤미야가 무너진 성벽을 수축한 후에 첫 번째로 한 일이 8:1-18에 나오는 부흥회였던 이유도 여기에 있다.

이고 있는 것이 있을지라도 그것이 무엇인지 또 얼마나 많은 열매를 맺을지 현재로서는 알 수가 없고 평가할 수도 없기 마련입니다. 그럼에도 불구하고 당신이 씨를 뿌린 지 얼마 안 된 어떤 씨앗에서 장차 수확할 열매의 양이나 줄기의 발육 상태가 좋고 나쁨에 대해 논하기 원하거나 그 상태에 대해 비판하기 원한다면 여러분은 처음부터 편견으로 불타오를 준비가 되어 있는 것과 같습니다.

육적 무력함의 원인

이 모든 것이 사실이기 때문에 사도 바울은 인간의 '마음'을 되찾아 주님에게 복종시켜야 할 진으로 묘사했던 것입니다. 바울이 이렇게 말한 이유를 이해하기는 그리 어렵지 않습니다. 지금까지 우리 마음을 사용하는 과정에서 '육적' 무력함 탓으로 여겨왔던 많은 일들도 실제로는 우리에게서 비롯된 것이 아닙니다. 그런 일들은 사탄이 우리 마음에 그의 능력, 이상, 사고, 견해, 방식을 끊임없이 쏟아 부어온 결과로 발생한 것입니다. 물론 그런 일들이 발생한 데 대해 우리 책임이 전혀 없다고 말하려는 것은 아닙니다. 우리 마음을 주께 온전히 복종시켰더라면 그런 일들은 결코 생기지 않았을 것이기 때문입니다. 그래서 바울은 인간의 마음을 반드시 탈환해야 할 적진이라고 표현했던 것입니다.

7장

회개에 대한 오해

회개에 대한 오해

 이제 우리가 해결할 과제는 마음을 완전히 새롭게 하는 일입니다. 그렇게 하기 위해서는 먼저 많은 신자들이 지니고 있는 오해부터 풀어야 합니다. 그들은 왜 지금 우리 마음을 다시 새롭게 해야 하는 것인지 의문을 제기합니다. 그들이 정작 묻고 싶은 질문은 이런 것입니다. "죄를 회개하고 하나님의 자녀가 되었을 때, 우리 마음도 완전히 새로워진 것이 아닌가요?"라고 말입니다. 하지만 이 질문에 대한 답은 "아닙니다."가 될 수밖에 없습니다. 왜냐하면 우리가 하나님의 진리를 받아들이는 순간에 마음이 완전히 새로워지는 것은 아니기 때문입니다.[11]

 그렇다면 이런 오해는 어디에서 기인한 것일까요? 이는 '회심'이란 용어를 완전히 이해하지 못한 데서 비롯된 일입니다. 죄에서 하나님께로 돌이킴을 의미하는 '회심'(Conversion)은 기본적으로 마음의 변화를 동반하는 행위로 성경에 묘사됩니다. 바울이 빌립보서 3장 7절을 통해 "무엇이든지 내게 유익하던 것을 내가 그리스도를 위하여 다 해로 여길 뿐더러"라고 고백한 것도 회심에 따른 그의 마음의 변화를 보여줍니다. 회심은 바로 '회개'(Repentence)를 가리킵니다. 고전어사전인 렉시컨[12]에 의하면 회개를 의미하는

---

11 참조구절 "주여 형제가 내게 죄를 범하면 몇 번이나 용서하여 주리이까 …… 일곱 번뿐 아니라 일곱 번을 일흔 번까지라도 할지니라"(마 18:21, 22)
12 Lexicon은 고전어를 배우기 쉽게 각 단어의 뜻과 함께 문법적 기능을 밝혀 놓은 사전이다.

라틴어 '포에니텐티아이'는 '제정신으로 돌아와 바른 이해에 이르게 됨'을 뜻합니다. 그러므로 회개는 감정의 변화를 포함하는 '마음의 부분적 변화'가 시작되었음을 가리키는 말이지, 마음이 완전히 새로워졌음을 의미하지는 않습니다.

그 예로 사도 바울의 삶을 살펴보겠습니다. 사도행전 9장에 보면 사도 바울은 다메섹 도상에서 부활하신 예수님을 만나 회심한 후에 이방인의 사도로 일하기 시작합니다. 갈라디아서 1장 15절, 16절에서는 그 사건을 하나님이 행하신 일이라고 고백합니다. 그런데도 그 후에 로마서 7장 15절에서 "내가 원하는 것은 행하지 아니하고 도리어 미워하는 것을 행함이라"고 고백함으로써 자신의 마음이 완전히 새로워진 상태가 아니라는 것을 토로합니다. 이 사건을 통해 그리스도인이 회심하는 순간부터 완전한 '새 마음'을 누리는 것은 아니라는 점을 분명히 알 수 있습니다. 그래서 우리는 구원받은 신자에게 주어지는 '새 마음'을 완전히 누릴 때까지 힘써서 해야 할 일들이 무엇인지 알아야 합니다.

8장

구원의 장소인 십자가

구원의 장소인 십자가

"너희는 유혹의 욕심을 따라 썩어져 가는 구습을 따르는 옛 사람을 벗어 버리고 오직 너희의 심령이 새롭게 되어" (엡 4:22-23)

마음을 완전히 새롭게 하려면 십자가로 돌아가서 우리의 '옛 사람'이 "그리스도와 함께"(롬 6:6) 십자가에 못 박혀 죽었다는 교훈을 배워 늘 그 사실을 확신해야 합니다. 그래야 죽은 옛 사람의 활동이 우리 마음에서 느껴질 때 그것이 옛 사람을 빙자하여 사탄이 활동하는 것임을 알아차림으로써 옛 사람을 완전히 벗을 수가 있습니다.

'옛 마음'이 초래하는 결과

'옛 사람'이란 무엇일까요? 그것은 타락을 통해 사탄에게 사로잡혀 죄에 취약한 본성을 가리키는 비유적 표현으로서 육적인 마음, 어두워진 마음, 육적인 '옛 마음'을 모두 포괄하는 말입니다. 이런 표현들이 사전 설명이 없이 교차사용될 수 있는 이유도 그 때문입니다. 에베소서 4장 22절과 23절 말씀을 보면 그 사실을 명확히 알 수 있습니다.

> **"너희는 유혹의 욕심을 따라 썩어져 가는 구습을 따르는 옛 사람을 벗어 버리고 오직 너희의 심령이 새롭게 되어" (엡 4:22-23)**

바울이 이렇게 말한 이유는 무엇일까요? 그는 에베소서 4장 17절과 18절에서 거듭나지 못한 사람이 지닌 허망하고 어두워진 마음이 초래할 결과에 대해 말합니다.

> **"이제부터 너희는 이방인이 그 마음의 허망한 것으로 행함 같이 행하지 말라. 그들의 총명이 어두워지고 그들 가운데 있는 무지함과 그들의 마음이 굳어짐으로 말미암아 하나님의 생명에서 떠나 있도다" (엡4:17-18)**

그러는 가운데 바울은 이 말씀 속에서 '옛 사람'이 초래할 결과 중에서 중요한 사실 한 가지를 깨닫게 됩니다. '옛 사람'의 마음은 신자로 하여금 하나님의 생명을 누릴 자격이 없는 존재로 전락시킨다는 것입니다. 그래서 바울은 그리스도인이 하나님의 생명을 계속 누릴 수 있도록 돕기 위해 십자가에 못 박힌 "옛 사람"을 "벗어버리고"(22절), "심령이 새롭게 되"라고(23절) 권면한 것입니다.

마음을 새롭게 함

그러므로 마음을 새롭게 하는 방법은 주님과 함께 우리의 '옛 사람'이 십자가에 못 박혀 죽었다는 사실을 지속적으로 확신하는 것입니다. 마음이 완전히 새로워 질 때까지 그 사실을 믿음으로 붙잡기 위해서는 우리가 두 가지 사실을 미리 알아야 합니다.

우선 거듭나기 이전의 마음상태인 '옛 마음'이 어떤 것인지 알아야 합니다. 현재의 마음과 '옛 마음'을 비교하여 '옛 마음'의 자취가 조금이라도 남아있으면 완전한 '새 마음'을 이루지 못한 것으로 판단할 수 있기 때문입니다. 다음으로 알아야할 사실은 회심할 때 이뤄진 마음의 변화만으로는 우리의 정신생활과 마음의 활동영역에서 사탄의 영향력을 완전히 몰아낼 수 없다는 것입니다. 그래야 우리가 완전한 '새 마음'을 누릴 수 있을 때까지 '옛 사람'이 십자가에서 죽었다는 사실을 지속적으로 확신할 수 있습니다.

'옛 사람'을 완전히 벗음

그 다음에는 모든 생각을 사로잡아 그리스도께 복종하기 위해서 육이 지배하는 '옛 마음'을 지닌 '옛 사람'을 완전하고 확실하게 '벗어'버려야 합니다. 그러기 위해서 우리가 해야 할 일은 두 가지입니다. 첫째, 완전히 새로워지지 못한 마음을 십자가에서 반드시 벗어버려야 할 옛 피조물로 여기는 것입니다. 대다수의 그리스도인이 새마음을 완전히 누리지 못하는 이유가 여기에 있습니다. 처음에는 '옛 마음'을 벗으려고 시도하다가도 얼마만큼 시간이 지나면 태어난 순간부터 지녀옴으로써 익숙해진 그 마음을 그대로 두어도 괜찮은 것으로 여기는 생각이 고개를 들기 시작해 마침내 벗으려는 시도를 중단하고 마는 것입니다. 그 결과로 그들은 '새 마음'을 완전히 누리지 못하고 '옛 마음'과 뒤섞인 상태에 머물면서 그것을 자연스러운 상태로 여기게 됩니다. 급기야는 자신의 구원을 의심하는 상태에 빠지기도 합니다. 이런 시행착오를 막기 위해서는 '옛 사람'을 어떤 일이 있더라도 반드시 제거해야 할 대상으로 보라는 것입니다.

둘째, 하나님은 우리가 믿는 만큼 행하신다는 사실을 잊지 말아야 합니다. 하나님이 우리에게 원하시는 믿음은 "하나님께서 이 일을 행하실 줄 믿습니다."라고 고백하는 것처럼 일반적인 믿음의 행위가 아닙니다. '옛 사람'을 완전히 벗기 위해서는 우리에게 특별한 믿음을 요구하십니다. 우리는 하나님이 모든 일을 한꺼번에 행하시기를 원하지만, 정작 하나님은 우리가 모든 일에 단계적으로 그분을 믿고 의지하도록 계획하셨다는 것을 믿어야 합니다. 완전한 새 마음을 누리게 하시는 일도 마찬가지입니다. 우리의 옛 사람을 다 벗고 완전한 새 마음을 누리게 될 때까지 단계마다 하나님이 반드시 우리에게 새 마음을 누리게 하실 것이라고 확신해야 합니다.

완전한 '새 마음'과 성령

그러면 우리 마음이 완전히 새로워질 때까지 성령이 우리를 어떻게 도우시는지 살펴봅시다. 우리가 주님과 함께 십자가에 못 박혀 죽은 자라는 자신의 위치를 알게 되면, 이제부터는 성령께서 이 말에 담긴 모든 의미를 밝혀주는 단계로 우리를 인도하실 것입니다. 성령은 우리가 '옛 사람'의 삶을 완전히 제거할 수 있도록, 그리고 아직도 그런 삶이 남아 있는 부분을 분명히 알 수 있도록 경계선을 밝혀주실 것입니다. 주님이 우리의 생명이 되실 때, 그분은 우리 마음의 중심에 좌정하십니다. 이 '새 마음'의 중심에 거하는 생명이신 주님의 참모습을 아는 것은 우리가 주님 안에서 '십자가에 못 박힌 나'의 위치를 믿음으로 지키는 것과 비례합니다. 그때 성령께서는 아직까지 제거되지 않고 남아있는 옛 사람의 영역을 분명히 알 수 있도록 빛을 비춰주실 것입니다. 이때 우리는 이렇게 고백해야 합니다. "주님이 저에게 새 마음을 주실 줄 믿고, 저의 옛 마음을 내어드리는데 동의합니다."

여기서 모든 과정이 끝나는 것이 아닙니다. 그러면 우리가 '옛 마음'을 십자가에 못 박고 하나님이 '새 마음'을 주실 것이라고 믿기만 하면, 사탄이 스스로 싸움을 포기한 채 자기 근거지를 송두리째 내어줄까요? 그렇게 믿기만 하면 주님을 '거역하는 온갖 생각'이 손쉽게 복종되어 우리가 완전한 '새 마음'을 누릴 수 있게 되느냐는 것입니다. 이런 질문은 사탄의 행태와 성격을 고려하지 않은 생각일 뿐입니다. 이런 질문들은 우리를 그 다음으로 해야 할 일들로 인도합니다.

9장

구원받은 마음의 실제적 해방

구원받은 마음의 실제적 해방

우리가 옛 마음을 내어드리는 데 동의하는 기도를 하나님께 드리면 그 순간부터 완전한 새마음을 누릴 수 있을까요? 그 순간부터 사탄이 자신의 패배를 인정하고 우리 마음에서 깨끗이 물러남으로써 사탄의 영향력이 완전히 사라지겠느냐는 것입니다. 그렇지 않습니다. 정작 사탄이 온갖 미혹을 통해 우리를 공격하기 시작하는 것은 이 때부터라고 할 수 있습니다.

완전한 마음의 자유를 누림

십자가를 통해 구원받았음을 고백하는 순간에도 우리 '마음'에서는 전략적 싸움이 그치지 않습니다. 구원받은 그리스도인의 마음이 전쟁에서 벗어나 실제로 자유를 누리려면 다음과 같은 세 가지 사실을 알고 실천해야 합니다. 첫째는 마음의 해방이 실제로 일어나는 과정을 명확히 알아야 합니다. 그래야 중도에 포기하지 않게 됩니다. 둘째는 이를 위해서 성령이 우리에게 능동적 순종[13]을

---

[13] 성령과 동등한 입장에서 일한다고 주장하는 "신인공조설"(Synergism)이 아니라 성령과의 유기적 협력과 순종을 가리킨다. 그것은 "마음에 소원을 두고 행하게"(빌 2:12, 13) 하시는 것을 말한다.

요구한다는 사실을 잊지 말아야 합니다. 가만히 있으면 저절로 새 마음을 누리게 되는 것이 아닙니다. 셋째는 사탄의 세력이 노리는 주요 공격 대상이 우리 마음이라는 사실을 인정해야 합니다. 하나님이 새 마음을 주실 것을 믿고 마음에 대한 공격을 물리치며 나아가야 합니다.

미혹을 통한 사탄의 공격

바울이 이 사실을 어떻게 알고 그리스도인의 마음을 사탄과 싸우는 전쟁의 중심지로 묘사했는지 주의 깊이 살펴봅시다. 그는 고린도 교인들이 직면할 위험에 대해 이렇게 말합니다. "너희 마음이 그리스도를 …… 떠나 부패할까 두려워하노라"(고후 11:3) 더불어 그런 일이 발생하는 과정을 다음과 같이 분명하고 자세하게 밝힙니다. "만일 누가 …… 우리가 전파하지 아니한 다른 예수를 전파하거나 …… 다른 영을 받게 하거나 …… 다른 복음을 받게 할 때에는"(고후 11:4)

우리는 이 말씀을 통해 모든 그리스도인이 직면하게 될 위험이 무엇인지 알게 됩니다. 그것은 우리가 마음에 거짓 교훈을 받아들여 예수 그리스도의 순수한 복음에서 떠나 다른 교훈으로 돌이키게 할 미혹과 마주하는 일입니다. 사탄이 자신을 "광명의 천사"(고후 11:14)로 가장하는 목적도 여기에 있습니다. 하지만 오늘날 사탄의 꾀에 대해 알지 못하는 신자들이 너무나 많습니다. 사탄은 우리 마음에 가짜 빛을 제공하고, 심지어 우리를 위해 십자가에 달리

신 주님이 아니라 '다른 예수'에 관한 빛을 주는가 하면, 성령이 아니라 악한 영을 섬기도록 유혹합니다. 뿐만 아니라 하나님의 은혜만 전하는 복음이 아니라 다른 요소들을 혼합시킨 "다른 복음"(고후 11:4)[14]을 사탄의 일꾼들을 통해 전파시킬 수 있습니다. 그러나 안타깝게도 이런 사실을 분명히 아는 사람은 그리 많지 않습니다.

이런 위험이 증가한 원인

반면에 사도 바울이 본문에서 고린도 교인들에게 경고한 위험은 오늘날에 이르러서는 그 당시보다 수천 배로 증가했습니다. 그 이유는 자신이 오늘날 영계와 인간이 사는 세계 사이에 다리를 놓아주는데 반드시 필요한 존재라고 주장하는 영매[15]들의 활동, 정신적 활동의 발달과 그것을 매우 중시하는 현대의 사회적 분위기, 그리고 삶의 경쟁에서 오는 중압감을 통해 하나님 자녀의 정신적 능력을 무너뜨리려는 사탄의 적극적인 활동 탓입니다. 그 중에서도 특히 우리 마음을 사로잡으려는 사탄의 궤계에서 비롯된 가짜 인도, 가짜 환상, 가짜 계획들로 인해 우리를 향한 온갖 중대한 위험들이 점점 늘어나고 있습니다. 그러므로 신자의 머리에서부터 발끝까지 보호하는 "구원의 투구"(엡 6:17)를 비롯한 하나님의 전신

---

14 고린도 교회 안에 있던 유대주의자들을 말함. 그들은 주를 믿고 율법도 준수할 것을 주장함으로써 그리스도를 통한 구원의 유일성을 부인했다.
15 무당, 점쟁이, 유사 심리치료사, 소위 퇴마사 등도 여기에 속한다.

갑주[16]가 가장 필요한 순간은 바로 지금입니다.

미혹의 실례

오늘날 공중에는 인간의 마음을 현혹시킬 만큼 눈부시도록 악한 생각과 참신한 아이디어를 제공하는 "공중의 권세 잡은 자"(엡 2:2)의 속삭임으로 가득합니다. 그 예로 '고등비평'(문서비평) 연구 과정과 그 결과를 통해 나타나는 사탄의 영향을 살펴보겠습니다. 어떤 비평학자가 그리스도의 십자가로 말미암아 새 사람으로 거듭나는 진리도 모른 채 서재에서 성경을 연구하고 있다고 가정해봅시다. 이런 경우 성령의 조명도 없이 그의 마음에 떠오른 생각이 그가 숙고해서 얻은 창의적인 사상으로 발표되고, 세상은 그의 주장을 보고 탁월한 업적으로 여겨 놀랄 수 있습니다. 하지만 그의 주장은 하나님의 말씀에서 가르치는 대로 성령의 인도하심을 받은 마음의 탁월한 능력으로 이루어 낸 것이 아닙니다. 이 시대의 신 노릇을 하고 있는 사탄에 의해 마음이 가려지고, 하나님이 보실 때 흑암의 세력에 지나지 않는 "지금 불순종의 아들들 가운데서 역사하는 영"(엡 2:2)의 힘을 얻어 만들어낸 결과일 뿐입니다.

완전히 새로워지지 못한 인간의 마음을 이용하여 사탄의 세력이 만들어 낼 수 있는 생각이 어떤 것이지 실례를 통하여 찾아봅시다. 크리스찬 사이언스[17]의 경전은 지나치게 가는 실로 지은 거미

---

16 에베소서 6장 11절에서 17절 말씀 참조.
17 Christian Science, 메리 베이커 에디가 1879년에 세운 이단종파로, 1908년부

집은 아무리 크게 지어도 쓸모가 전혀 없는 법[18]을 잘 보여주는 책입니다. 이 책은 성경적 근거도 없는 공허한 말들만 길고 번거롭게 나열하고 있을 뿐입니다.

'새 마음'에도 필요한 자유, 어떻게 누릴 수 있을까?

이처럼 공중 권세를 잡은 자에게 미혹된 '마음'과 그에 따르는 위험한 증상은 주님이 다시 오실 마지막 때가 가까울수록 더욱 늘어날 것이 분명합니다. 하나님의 자녀가 십자가의 구원을 통해 마음을 완전히 새롭게 한 후일지라도, 마음의 자유를 실제로 누리려면 다음과 같은 두 가지 일을 잊지 말아야 합니다. 우선 하나님의 진리로 깨어있는 상태를 유지해야 합니다. 그렇지 않으면 앞에서 소개한 것과 같은 거짓 '환상'의 그물에 사로잡히기 십상입니다. 또한 현대 그리스도인이 주의해야 할 일이 한 가지 더 있다면, 지나치게 많은 사역을 감당하는 데서 비롯되는 과로를 조심하는 것입니다. 과도한 사역은 마음에 과도한 긴장을 유발하여 신중한 판단을 하지 못하도록 방해하기 쉽습니다.

터 크리스찬 사이언스 모니터지를 발행했는데, 지금은 온라인판과 주간지만 발행한다.

18 명확한 성경적 근거도 없이 그들의 주장을 과학적, 우주적 차원으로 확대하여 이야기하는 점을 가리킨다. 뉴에이지도 이런 방식으로 그들의 교리를 설명하고 있다.

10장

실제로 승리하는 법

실제로 승리하는 법

"그 중에 이 세상의 신이 믿지 아니하는 자들의 마음을 혼미하게 하여 그리스도의 영광의 복음의 광채가 비치지 못하게 함이니 그리스도는 하나님의 형상이니라" (고후 4:4)

우리 마음을 실제로 사탄의 속박에서 벗어나 완전히 새롭게 하는 방법은 무엇일까요? 그것은 주님의 십자가를 통해 구원을 얻은 후에 성령의 도움을 얻어 우리 입장에서 해야 할 일을 하는 것입니다. 우리가 가장 먼저 해야 할 일은 자신의 마음을 제어하는 것입니다. 자신의 마음을 제어할 수 있는 것은 마음의 소유권이 사탄에게서 우리에게 넘어왔다는 것을 의미하기 때문입니다.

마음을 제어할 수 없는 경우

마음을 제어하는 법을 소개하기 전에 우리가 반드시 알아야 할 일이 있습니다. 아무리 힘써도 '자신의 마음을 제어할 수 없는 때'가 있다는 것입니다. 우리 마음이 스스로의 힘으로 통제할 수 없는 상태에 빠진 것을 알고, 하나님의 뜻대로 우리 마음을 다스려 주시도록 구해왔지만, 전혀 소용이 없는 경우가 있기 때문입니다.

구체적으로 말하면 우리 마음이 갈피를 못 잡거나, 이리저리 헤매는 생각이나 상상력으로 가득 찬 나머지 무겁고, 수동적이고, 굼떠서 사용할 수 없게 된 경우를 가리킵니다. 이런 마음은 우리 힘으로 통제할 수 없는 상태이자 하나님의 다스림도 받지 못하고 있는 상태를 말합니다. 이런 경우에는 사탄이 우리 마음을 계속 지배하기 마련입니다. 그러면 왜 우리 마음이 이런 상태에 이르게 되는 것일까요? 사탄이 자기의 영향력이 미치는 기회를 이용해 우리 마음을 장악하고 완전히 굴복시킬 때까지 자기 생각을 끊임없이 불어 넣기 때문입니다.

이런 상태에 이르게 된 원인

사탄에게 그런 기회를 내어준 원인은 무엇일까요? 그 원인으로는 세 가지를 들 수 있습니다. 첫째는 우리 마음에서 사탄의 영향을 다 제거하지 못했기 때문입니다.(고후 4:4) 그래서 사탄의 영향력을 마음에서 완전히 몰아내야 한다는 것입니다. 둘째는 우리의 '옛 마음'이 십자가에서 죽었다는 사실을 지속적으로 확신하지 않았기 때문입니다. 그 결과로 '옛 마음'을 통해 일하는 사탄의 활동을 자신의 생각에서 비롯된 것으로 오해함으로써 사탄에게 계속 지배당하게 되는 것입니다. 셋째는 우리에게 '새 마음'을 주시는 하나님을 신뢰하지 못했기 때문입니다. 그 결과로 사탄이 우리 마음을 지배하며 그의 생각을 계속 불어 넣도록 허용하기 때문에 이런 상태에 이르게 된 것입니다.

이런 신자를 식별하는 법

그러면 마음을 스스로 제어할 수 없는 상태에 놓인 신자를 어떻게 식별할 수 있을까요? 지금부터 세 가지 방법을 소개하려고 합니다.

첫째, 쉬지 않고 '한 가지 일'에 대해서만 말하며 그 일에서 스스로 벗어나지 못하는 모습을 보면 그 사람이 자기 마음을 제어할 수 없는 상태에 빠졌다는 것을 분명히 알 수 있습니다. 이런 현상은 자신이 좋아하는 일에 몰두해서 한 가지 일에 대해서 많이 말하지만 스스로 그 일에서 벗어날 수 있는 사람의 행위와는 다릅니다. 마음을 스스로 제어하지 못하는 사람은 마음이 속박된 사람이기에 한 가지 일에 사로잡히면 스스로의 힘으로 그 일에서 벗어나 다른 일을 말하는 것이 불가능합니다. 이런 현상은 자기 마음을 스스로 다스리지 못하는 상태에 놓여 있음을 보여주는 명확한 사례입니다.

둘째, 생각하고 말해야 할 시기를 스스로 선택하지 못하는 모습을 보아도 그런 사람을 알아 낼 수 있습니다. 하나님이 우리 생각과 마음을 다스리고 있을 때에는 우리가 지금 생각할 것과 나중에 생각할 것을 정하고 지금 말할 것과 장차 말할 것을 스스로 선택하는 데 아무 어려움이 없습니다. 하지만 마음이 사로잡힌 사람은 자기 마음과 행위를 스스로 결정하고 선택하지 못합니다. 혹시 '지금 말하지 않으면 마음속에 있는 생각을 금방 잊어버리고 말거야'라는 생각이 들어서 말할 시기를 정하기 어려운 것이라면 그런 생각은 차라리 잊어버리는 편이 더 낫습니다.

셋째, 상대방의 마음상태를 헤아리지 못하고 자기 생각만 늘어놓는 모습을 보아도 마음이 사로잡힌 사람을 알 수 있습니다. 이런 현상은 어떤 생각에 몰두한 나머지 자기 '생각'을 일방적으로 쏟아붓는 사람의 행위와 다릅니다. 일반적인 경우에는 상대방의 반응을 인식할 수 있습니다. 하지만 마음이 사로잡힌 사람은 그런 일을 반복적으로 하고도 그것이 상대방에게 어떤 영향을 미칠지 전혀 고려하지 못합니다. 무엇보다도 스스로의 힘으로는 그런 상태에서 벗어나지 못합니다. 우리 모두에게 자신의 마음상태를 분별하는 빛이 필요한 이유가 거기에 있습니다.

사례와 해결방법

여기서 한 가지 사례를 살펴보려고 합니다. 최근에 어떤 그리스도인 남성으로부터 다음과 같은 내용의 편지를 한 통 받았습니다. "제 아내는 믿음이 좋은 사람이었습니다. 그런데 어느 날 한밤중에 아내의 마음에 불쑥 이런 생각이 떠올랐답니다. '나는 하나님께 도저히 용서받을 수 없는 죄를 저지른 사람이야.' 그때부터 그 생각이 마음에서 사라지지 않고 밤낮으로 아내를 괴롭혔습니다. 그렇게 생각하는 이유를 말하라고 설득했지만 아무 소용이 없었습니다. 아내는 근거도 없는 그 생각에 사로잡혀서 헤어나지 못하더니 마침내 정신 병원에 수용되고 말았습니다. 그로 인해 저는 아무 일도 할 수가 없게 되었고, 어린 자녀들도 엄마 없이 힘든 나날을 보내고 있습니다." 그의 아내가 다니던 교회 목사는 그에게 그의 아내가 겪은 일에 대해 이렇게 설명했습니다. "부인에게 일어난 일은 사탄의 미혹으로 보입니다." 그리고는 두 사람이 함께 무릎 꿇고 이렇게 기도드렸습니다. "하나님, 사탄이 그런 생각을 병원에 있는 자매의 마음에 심어준 것이라면, 십자가의 승리로 말미암아 그 사실을 남편이 깨닫게 해 주소서. 그리고 사랑하는 주님의 딸을 그 사로잡힌 생각에서 구원해 주옵소서." 그 후에 그 여인은 어떻게 되었을까요? 우리 모두 하나님께 영광을 돌립시다. 기도드린 날로부터 2주가 채 지나지 않아서 그녀는 병원에서 퇴원하여 온전한 모습으로 가정으로 돌아왔기 때문입니다.

우리는 이런 일을 만났을 때, 어떻게 해결할 수 있을까요? 사탄에게 사로잡힌 마음이란 사탄에게 사로잡혀 묶인 상태이므로, 그런 마음 상태에서 스스로의 힘으로 벗어나지 못합니다. 자신의 논리적 사고에 따라 그 상태에서 벗어나거나, 다른 사람의 합당한 권면을 받아들여 그 상태를 극복하지도 못합니다. 사탄이 주는 생각을 중심으로 제자리를 맴돌듯이 늘 같은 말을 반복하거나 같은 결론에 도달하는 모습을 보이기도 합니다. 이럴 때는 하나님의 말씀으로 권면하고, 그 상태에서 벗어날 수 있도록 하나님의 도우심을 구하는 기도를 드린 후에 하나님의 도우심을 믿고 신뢰하며 기다려야 합니다.

11장

'새 마음'의 특성

'새 마음'의 특성

'새 마음'은 무엇이며, 어떻게 하면 완전한 '새 마음'을 누릴 수 있을까요? 또 '새 마음'을 소유하면 우리의 삶이 어디까지 변할 수 있으며, 그 마음은 우리에게 어떤 유익을 제공할까요?

"주께서 이르시되 그 날 후로는 그들과 맺을 언약이 이것이라 하시고 내 법을 그들의 마음에 두고 그들의 생각에 기록하리라 하신 후에"(히 10:16)

'새 마음'과 성령

우리 마음이 새로워질 때, 성령은 "내 법을 그들의 마음에 두고 그들의 생각에 기록하리라"(히 10:16)는 하나님의 약속을 이루어 주십니다. 완전한 '새 마음'은 우리 힘으로 이루는 것이 아닙니다. 성령의 도움으로 이뤄진 '새 마음' 안에 거하시는 성령이 주님의 약속을 성취하심으로써 완전한 '새 마음'을 누릴 수 있게 되는 것입니다. 그 결과로 우리는 '그리스도의 마음'을 소유하게 됩니다.

그리스도의 마음

"너희 안에 이 마음을 품으라 곧 그리스도 예수의 마음이니 그는 근본 하나님의 본체시나 하나님과 동등됨을 취할 것으로 여기지 아니하시고 오히려 자기를 비워 종의 형체를 가지사 사람들과 같이 되셨고 사람의 모양으로 나타나사 자기를 낮추시고 죽기까지 복종하셨으니 곧 십자가에 죽으심이라" (빌 2:5-8)

'그리스도의 마음'이란 어떤 마음일까요? 우리는 그 답을 빌립보서 2장 5절에서 8절까지의 말씀에서 찾을 수 있습니다. 그렇다면 '그리스도의 마음'이란 어떤 마음을 가리키는 것일까요? 그것은 십자가에서 죽기까지 하나님께 순종하는 마음을 의미합니다. 주님이 보여주신 것처럼 생명이 다하는 순간까지 지속적으로 하나님께 순종하는 마음입니다. 성령의 도움으로 우리 안에 이뤄진 그리스도의 '마음'은 갑옷처럼 우리를 보호해줍니다. 그래서 베드로 전서에서는 "너희도 같은 마음으로 갑옷을 삼으라"(벧전 4:1)[19]고 권면합니다. 이 말씀은 주님이 십자가에 대해 지녔던 마음을 우리도 소유해야 함을 가리킵니다.

---

[19] "그리스도는 육신으로 고난을 받으셨습니다. 여러분도 같은 마음으로 무장하십시오"(벧후 4:1, 표준새번역)

그 마음이 초래하는 삶의 변화

그리스도의 마음을 소유할 때 우리의 삶은 변화할 수밖에 없습니다. 사도 바울은 이 마음을 지니게 되자 자기에게 유익하던 "모든 것을 잃어버리고 배설물로"(빌 3:7, 8) 여기게 되었다고 고백합니다. 이 마음을 소유할 때 우리의 삶은 얼마나 변화할 수 있을까요? 그 마음을 소유하자마자 예전과 완전히 다른 삶으로 변하는 것일까요? 그 마음을 소유하는 순간부터 우리의 삶 전체가 달라지느냐는 것입니다. 이것은 실로 수많은 그리스도인들이 오해하고 있는 부분입니다. 마음의 새로워짐과 삶의 변화는 정교한 관계로 엮여 있어 그리스도의 마음으로 새로워졌다고 우리의 삶 전체가 변화하는 것은 아닙니다. 갈라디아서 2장 11절에서 14절까지에 나오는 베드로의 외식과 그로 인해 바나바도 외식에 빠진 사건을 보면 그 점을 알 수 있습니다. 주님을 모른다고 세 번이나 부인한 적이 있는 사도 베드로가 오순절을 경험하고도 외식을 한 것입니다. 우리의 삶은 그리스도의 마음을 품자마자 저절로 바뀌는 것이 아니라, 그 마음에 의해 삶이 실제로 변화하는 곳까지만 달라질 수 있습니다.

'새 마음'의 유익함

"그리스도께서 이미 육체의 고난을 받으셨으니 너희도 같은 마음으로 갑옷을 삼으라 이는 육체의 고난을 받은 자는 죄를 그쳤음

이니"(벧전 4:1)

새 마음을 소유하면 우리 마음에 어떤 유익이 있을까요? 그것은 네 가지로 말씀드릴 수 있습니다.

첫째, 우리가 "고난 받으신 그리스도"(벧전 4:1참조)에 대해 고백하며 우리 마음이 주의 고난에 거하는 동안, 성령이 주님과의 교제에서 비롯된 '죄로부터 분리됨'을 보여주십니다.

둘째, 우리도 고난 받는 쪽을 택해 주님의 마음을 소유함으로써 마음이 단단히 '무장'됩니다.

셋째, 이렇게 해서 우리의 '새 마음'은 왜곡된 생각에 시달리지 않고 지속적으로 하나님 안에 머물게 됩니다.

넷째, 하나님 안에 계속 머무는 마음으로 말미암아 우리는 완전한 평강을 누리게 됩니다.

12장

성령의 뜻을 전하는
도구인 '새 마음'

성령의 뜻을 전하는 도구인 '새 마음'

"너희 마음의 눈을 밝히사 그의 부르심의 소망이 무엇이며 성도 안에서 그 기업의 영광의 풍성함이 무엇이며" (엡 1:18)

성령은 완전히 소유한 신자의 마음을 통해 그분의 뜻을 전합니다. 성령이 소유하는 마음이 되려면 겸손하고 정결한 마음을 지니는 것이 우리에게 요구됩니다. 물론 이것은 신자가 해야 할 일입니다. 그러나 성령이 뜻을 전하기 위해 사용하는 마음에는 여기에 한 가지 요소가 추가됩니다.

성령의 조명

그렇다면 성령은 우리 마음에 어떤 변화를 일으켜서 그분의 뜻을 전하는데 사용할까요? 사도 바울은 에베소서 1장 18절에서 **"너희 마음의 눈을 밝히사"**[20]라고 말합니다. 이 말씀은 성령으로 조명된 우리 마음의 상태를 보여줍니다. 성령은 조명을 통해 빛으로 충만하게 된 우리의 '새 마음'을 통해 자신의 뜻을 전합니다. 성령

---

[20] 웨이머스 역에서는 "빛으로 가득하게 하사"로 옮겼다.

의 도움으로 우리는 조명된 '새 마음'으로 생각하고 영으로 느낄 수 있게 됩니다.

'새 마음'의 활동을 나타내는 예로는 개역성경 시편에 나오는 다윗의 말을 들 수 있습니다. 그는 시편 77편 6절에서 "내 심령이 궁구[21]하기를"이라고 말합니다. 여기서 말하는 "심령"이란 하나님이 우리 영에 주신 빛, 곧 우리가 이해하기 쉽도록 밝혀주는 '빛으로 가득한 마음'을 가리킵니다. 이 심령이 마음의 지각기능을 발휘하게 함으로써 우리는 새 마음으로 영적인 일을 분별할 수 있게 됩니다.

'새 마음'으로 하는 일

> "우리가 이것을 말하거니와 사람의 지혜가 가르친 말로 아니하고 오직 성령께서 가르치신 것으로 하니 영적인 일은 영적인 것으로 분별하느니라" (고전 2:13)

그렇다면 '새 마음'으로는 어떤 일을 할 수 있을까요? 고린도전서 2장 13절의 뜻을 여러 가지로 새긴 성경역본들을 통해 '새 마음'의 다양한 사용법을 알 수 있습니다. 거듭난 신자는 성령의 조명을 받은 '새 마음'을 통해 "육적인" 사람이 전혀 알 수 없는 영적인 일을 이해할 수 있게 됩니다. 이것을 더 자세히 말하자면 '새 마

---

[21] 개역한글판 성경에는 궁구라고 번역했는데 궁구란 '깊이 파고들어 연구한다'는 뜻이다.

음'으로 영적인 일을 "분별하고", "시험하고", "결합하고", "비교하고", "설명"함으로써 전에는 알 수 없었던 영적인 일을 파악할 수 있게 되는 것입니다. 그 결과로 성령이 새롭게 하신 마음의 지각기능에 의해서 우리는 "하나님의 선하시고 기뻐하"시는 뜻(롬 12:2)을 더 명확히 분별할 수 있게 됩니다.

'새 마음'이 주는 유익

주님은 "사람이 낮에 다니면 이 세상의 빛을 보므로 실족하지 아니하고"(요 11:9)라는 말씀을 하셨습니다. 이 말씀은 낮에 활동하는 삶의 유익함을 가르쳐줍니다. 대낮에 다니는 사람은 설령 길에 있는 돌부리를 못 봤을지라도 반드시 그것에 걸려 넘어지지는 않는다는 뜻입니다. 이것은 영적인 삶에서도 마찬가지입니다. 우리는 성령의 조명을 통해 빛으로 충만하게 된 '새 마음'을 통해, 일부만 새로워진 마음에서 비롯되는 혼란이나 당혹감을 전혀 느끼지 않고 하나님의 뜻을 명확히 분별하여 행할 수 있게 됩니다.

13장

'새 마음'을 보호하는 5가지 방법

'새 마음'을 보호하는 5가지 방법

"그러므로 너희 마음의 허리를 동이고 근신하여 예수 그리스도께서 나타나실 때에 너희에게 가져다 주실 은혜를 온전히 바랄지어다" (벧전 1:13)

거듭난 신자는 사탄의 공격으로부터 모든 부분을 보호해야 합니다. 그 가운데에서도 특히 힘써 지켜야 할 부분은 우리가 누리게 된 '새 마음'입니다. 이 마음을 보호하기 위해서는 다음과 같은 다섯 가지 행동에 주의해야 합니다.

깨어있음

"마음의 허리를"(벧전 1:13) 동여야 합니다.[22] 이 말은 마음의 긴장을 지나치게 늦추어 부주의한 생각에 빠지지 않도록 깨어있으라는 말입니다. 그렇지 않으면 곧 마음의 허점만을 노리는 사탄의 먹이가 되고 말기 때문입니다. 사무엘상 4장에 나오는 어린 사무엘의 모습은 이 점에서 많은 교훈을 줍니다. 그는 한밤중에 갑자기

---

22 함께 드릴 기도로는 시편 131:1-2을 참고하는 것이 좋다.

들려오는 하나님의 목소리를 한 번도 놓치지 않았습니다. 우리의 "마음"을 게으르거나, 쓸모없는 상태로 두어서는 안 됩니다. 그 좋은 예로 한눈을 판 다윗을 들 수 있습니다. 이스라엘 군대가 암몬과 전쟁하던 중에 그는 왕궁에 머물며 밧세바에게 한눈을 팔다가 죄에 빠져 그 대가로 큰 고통을 겪어야 했습니다.(삼하 11:2) 정상적인 신자라면 늘 하나님의 뜻에 따라 자신의 마음을 사용할 수 있도록 활동적 상태를 유지하기 위해 힘써야 합니다.

평강을 누림

> "아무 것도 염려하지 말고 다만 모든 일에 기도와 간구로, 너희 구할 것을 감사함으로 하나님께 아뢰라 그리하면 모든 지각에 뛰어난 하나님의 평강이 그리스도 예수 안에서 너희 마음과 생각을 지키시리라 끝으로 형제들아 무엇에든지 참되며 무엇에든지 경건하며 무엇에든지 옳으며 무엇에든지 정결하며 무엇에든지 사랑 받을 만하며 무엇에든지 칭찬 받을 만하며 무슨 덕이 있든지 무슨 기림이 있든지 이것들을 생각하라" (빌 4:6-8)

바울의 권면대로 우리 마음이 "염려"하는 생각에 사로잡히도록 허용하지 말고(빌 4:6), 마음에 걱정이 생기면 즉시 하나님께 맡겨야 합니다. 우리 염려를 다 주께 맡기라고 명하셨을 뿐 아니라(벧전 5:7) 하나님은 우리를 돌보아주시는 아버지이기 때문입니다.(마 6: 30) 우리의 염려를 주님께 맡길 때, "하나님의 평강"(빌 4:7)이 우리 마음을 지켜주심으로써 우리의 '새 마음'은 온전한 평강을 누리게 될 것입니다. 그러나 하나님의 자녀는 단지 이 상태에 머무는 것으로 만족해서는 안 됩니다. 거기서 한 걸음 더 나아가 우리 마음에 할 일을 부여해야 합니다. 우리 마음이 늘 "참되며 …… 경건하며 …… 옳으며 …… 정결하며 …… 사랑할"(빌 4:8) 만한 상태를 유지할 수 있도록 유익한 생각할 거리를 제공해야 합니다. 여호수아가 모세의 뒤를 이어 이스라엘 백성을 지도하는 막중한 책무를 감당하는 데서 오는 큰 두려움에 사로잡혔을 때도 하나님은 성경을 주야로 읽고 묵상하며 행할 것을 명하셨습니다.(수 1:8) 그 결과로 여호수아는 두려움을 떨치고 담대한 지도자로 하나님께 쓰임을 받을 수 있었음을 잊지말아야 합니다.

신중히 판단함

'새 마음'을 소유한 신자는 오로지 자신의 분수에 맞는 생각을 해야 합니다. 그래서 사도 바울은 이렇게 권합니다. "마땅히 생각할 그 이상의 생각을 품지 말고 …… 믿음의 분량대로 …… 생각하라"(롬 12:3) 주님이 그리스도의 재림시기를 묻는 제자들에게 하신 대답은 그 좋은 실례입니다. "그 날과 그 때는 아무도 모르나니 하늘의 천사들도, 아들도 모르고 오직 아버지만 아시느니라"(마 24:36) 성부 하나님만 결정하실 수 있는 일을 하나님의 본체라고 해서 자신도 알 수 있는 것처럼 행동하지 않았습니다. 그러므로 바울의 권면은 "높은 데" 마음을 두는 태도를 피하고(롬12:16), 무슨 일을 만나든지 깨어있는 마음으로 신중히 판단하여 내린 결정에 따라 행동해야 함을 의미합니다. 주의 제자들이 예루살렘으로 가는 길에서 좌정승, 우정승 논쟁을 벌인 것은 하나님이 정하실 일과 그들이 정할 수 있는 일을 구분하지 못한 데서 비롯된 행동입니다.(마 20: 23) 사탄으로 전락한 천사장의 오판도(사 14:13, 겔 28: 17) 바울의 권면을 따르지 못할 때 나타나는 결과를 보여주는 예입니다.

성령의 인도를 따름

'새 마음'을 소유한 신자는 "모든 거역하는 생각을 사로잡아"(고후 10:5)라는 말씀에 주의를 기울여야 합니다. 이 말씀은 우리의 모든 말과 행위를 하나님이 주신 빛 가운데서 신중히 선택해야 한다는 것을 의미합니다. 우리가 성령의 조명을 통해 하나님의 인도에 따르면 요즘처럼 타락한 풍조가 넘치는 시대 속에서도 얼마든지 하나님과 동행할 수 있습니다. 타락한 시대의 오염된 환경 속에서도 하나님과 동행한 노아(창 6:9), 엘리야(롬 11:3,4), 다니엘(단 1:8, 6:4)이 그 좋은 예입니다. 뿐만 아니라, 사탄이 거짓된 것들을 이용해 미혹하는 시도에도 넘어가지 않고 사탄의 속임수를 분별할 수 있습니다. 그 예로 거짓 예언에 맞서 아합왕의 최후를 예언한 선지자 미가야(왕상 22:23)와 스마야의 거짓 예언을 분별한 느헤미야(느 6:12)를 들 수 있습니다.

갑자기 떠오른 생각은 반드시 분별함

 마음에 불쑥 떠올라 사라지지 않는 생각을 주의해야 합니다. 빛이 마음에 번쩍이듯이 어떤 생각이 갑자기 우리 마음에 떠올라 사라지지 않을 경우에는 어떤 태도를 취하는 것이 좋을까요? 이런 방식으로 떠오른 생각을 아무런 검증 과정도 없이 하나님이 주신 생각으로 덥석 받아들이거나 무조건 신뢰하여 따르면 안 됩니다. 성령은 그런 방식으로 우리 마음을 인도하시지 않기 때문입니다. 그렇다면 성령은 우리 마음을 어떻게 인도하실까요?

 그리스도인의 영 안에 거하시는 성령은 우리 마음이 들뜨지 않고 차분히 사물을 이해할 수 있도록 인도하시며, 신중한 내면의 깨달음을 통해 우리 마음에 빛을 비추어 주십니다.[23] 오늘날에는 사탄이 워낙 다양한 방법으로 미혹하기 때문에 성령의 바른 인도 과정을 통하지 않고 마음에 떠오르는 생각을 그대로 신뢰해서는 안 됩니다. '마음에 갑자기 떠오르는 생각'[24]이 전부 틀린 것은 아니라고 해도, 그것이 하나님이 주신 생각인지 아닌지 검증하지도 않고 무조건 신뢰할 수는 없기 때문입니다. 그 예로 다윗이 사탄의 충동을 받아 이스라엘 백성의 수효를 세도록 명했던 사건(대상 21:1)을 들 수 있습니다. 또한 아나니아와 삽비라가 소유한 땅을 팔아 사도들의 발 앞에 두었을 때(행 5:2), 얼마를 감추고 드리면서 그것이 전

---

[23] 이에 반해 사탄은 성령의 인도와 반대되는 방식으로 사람을 그릇된 길로 이끈다. 저자가 그의 저서 "영적전쟁"에서 소개한 사탄의 인도방식에 의하면 사탄은 그가 충동시키는 생각에 따르지 않을 경우에는 곧 불행한 일이 닥칠 것만 같은 두려움을 일으킴으로써 강제적 분위기 속에서 어쩔 수 없이 그 생각에 따라 행동하도록 만든다.

[24] 다윗이 충동적으로 이스라엘 백성을 계수하도록 명한 사건(대상 21:1)과 아나니아와 삽비라 부부의 거짓말 사건(행 5:3) 참조.

부인 양 속이려고 했던 사건도 좋은 예입니다. 그들이 마음에 불쑥 떠오른 생각을 한 번만이라도 누구의 생각인지 분별했더라면 그런 불행을 겪지 않아도 되었을 것입니다.

그렇다면 어떤 생각이 마음에 불쑥 떠올라 사라지지 않고 마음을 사로잡을 때, 어떻게 대처하면 좋을까요? 다음과 같이 세 단계로 행동하는 것이 좋습니다.

첫째, 하나님의 임재 안에서 분별할 능력을 구하는 기도를 드릴 필요가 있습니다. "하나님, 제 마음에 자꾸 떠오르는 이 생각을 아버지께서 주신 것으로 여겨야 하나요? 아니면 사탄의 유혹이나 제 생각에서 비롯된 것인가요? 하나님이 주신 생각을 분별하는 법을 제게 가르쳐 주세요."

둘째, 기도한 다음에는 그것이 누구의 생각인지 분별될 때까지 반복해서 곰곰이 생각해야 합니다.

셋째, 그 생각을 받아들일 것인지 무시할 것인지 결정해야 합니다. 이런 방식으로 분별하는 과정을 통해 우리는 한 가지 유익을 얻을 수 있습니다. 그것은 마음에 갑자기 떠오른 생각이 우리 마음을 사로잡더라도 당황하지 않고 하나님의 뜻 안에서 정확하고 신중히 행하는 법을 배우게 됩니다. 이런 분별방식은 갑자기 떠오른 생각을 분별하는 일 외에도 거짓 예언을 통한 제안을 분별하고(느 6:10), 영을 분별하는 일(요일 4:1)에도 유용할 수 있습니다. 이 과정에서 우리는 매 순간 그리스도의 전신갑주로 무장하고, 성령의 인도를 구하면서 주님과 동행해야 한다는 사실을 잊어서는 안 됩니다.

제시 펜 루이스의 생애와 주요사역

1861   남웨일즈의 니스에서 출생한 그의 조부(Samuel Jones)는 칼뱅주의 감리교(혹은 웨일즈 장로교) 목사였고, 그의 부친은 광산기사였음.

1879   18세에 남편과 결혼하여 Lewis라는 성을 얻음.

1881   20세에 케직운동의 지도자 중의 한 사람인 Hopkins의 지도 하에서 회심.

1890   29세에 리치몬드 YWCA 간사가 됨.

1892   31세에 성령세례를 체험.

1896   35세에 레이세스터로 이사. 스웨덴, 핀란드 YWCA의 사경회 강사로 초빙.

1897   36세에 러시아에서 사경회 인도.

1898   37세에 핀란드의 헬싱포르스에서 열린 부흥사경회 인도.

1899   38세에 러시아 페테르부르크에서 사경회 인도.

1900   39세에 미국, 캐나다 각지에서 사경회 인도.

1902   41세에 러시아에서 아가서를 다룬 "Thy Hidden Ones" 집필.

1903　42세에 남인도 각지에서 사경회 인도.

1904-1905　43세-44세에 웨일즈 대부흥 체험을 최초로 기사를 통해 전 세계에 알림.

1909　48세에 케직사경회 강사직 사임.
(앤드류 머레이, 무디, F.B 마이어, 오스왈드 챔버스와도 교분)

1909-1914　48세- 53세에 OVERCOMER지를 창간, 편집장 역임. 여기서 출간된 영적 도서는 전 세계에 영향을 미쳤는데, 영어권 국가는 물론 남북유럽과 중·남·북미 대륙, 그리고 북아프리카와 중앙아프리카는 물론이고, 일본, 중국, 티벳과 한국에까지 보급되었음.

1912　51세에 메틀록 사경회에서 "영적 전쟁"을 주제로 성경공부 인도.

1923　62세에 하나님의 품에 안김.

마음전쟁

초판발행   2018년 9월 27일
초판 1쇄   2018년 9월 27일

저자   제시 펜 루이스
번역   장광수
편집   이병희

출판   주님과 늘 함께
등록번호   제2018-000061호 (2018.7.11.)
주소   16415 경기도 수원시 권선구 수성로 47
대표 전화   (031)295-5694
이메일   lance_707@naver.com
ISBN   979-11-964519-0-5-03230

8,000원

ⓒ 주님과 늘 함께

무단 전재와 복제를 금합니다.